YOUR KNOWLEDGE HAS VALUE

- We will publish your bachelor's and
  master's thesis, essays and papers

- Your own eBook and book -
  sold worldwide in all relevant shops

- Earn money with each sale

Upload your text at www.GRIN.com
and publish for free

Irena Glodowska

De omgangstalen in Suriname – Sranan Tongo

GRIN Verlag

Bibliografische Information der Deutschen Nationalbibliothek:

Die Deutsche Bibliothek verzeichnet diese Publikation in der Deutschen National-
bibliografie; detaillierte bibliografische Daten sind im Internet über http://dnb.d-
nb.de/ abrufbar.

Imprint:

Copyright © 2007 GRIN Verlag GmbH
Druck und Bindung: Books on Demand GmbH, Norderstedt Germany
ISBN: 978-3-640-38200-2

This book at GRIN:

http://www.grin.com/en/e-book/129400/de-omgangstalen-in-suriname-sranan-
tongo

WiSe 2006/2007

FU- Berlin

Fachbereich: Niederländische Philologie

PS. Nederlandse taal en cultuur in Suriname

De omgangstalen in Suriname – Sranan Tongo

Werkstuk van: Irena Glodowska

Inhoudsopgave:

1 Inleiding: Rijkdom aan talen in Suriname

Suriname is een land waarin bijna twintig talen worden gesproken. De reden voor zo een grote rijkdom van talen ligt iep in de geschiedenis van dit land. Eerst werd Suriname in 1651 door Engelsen bezit. Na de Vreede van Breda in 1667 tussen England en Vereenigde Nederlandanden is Suriname aan Nederlandse handen overgegaan. In de zeventiende eeuw begonnen de Nederlanders Suriname te koloniseren en daar hun plantages op te richten. De Nederlanders wilden niet zelf op de plantages werken daarom moesten ze andere arbeiderskrachten zoeken. Erg snel ontsond een systeem van slavenarbeid. De eerste slaven waren natuurlijk de oorspronkelijke inwoners van Suriname, en namelijk de Indianen. Later werden negerslaven uit Afrika gedwongen op de plantages te werken. De kolonisatie van Suriname had tot gevolg dat steeds meer entnische groepen naar Suriname werden vervoerd. Hoe meer etnische groepen in een land hoe meer talen en culturen. De Nederlanders vervoeren steeds meer gebieden in Suriname en hun taal werd tot lingua franca. Snel werd het Nederlands de taal van het bestuur. Sinds 1876 werd Nederlands de taal van de onderwijs. Aan alle kinderen tot 12 jaar was het leerplicht in het Nederlands bepaald. Nadat Suriname in 1975 van Nederland onafhankelijk werd, werd het Nederlands de taal van het parlament.

De koloniale tijd en vooral de slavenhanel in deze tijd haden tot gevolg dat veel etnische groepen vooral uit Afrika naar Suriname kwamen die hun eigen taal uit het land van de herkomst meegebracht hebben. Dat leide ertoe dat naast het Nederlands, de taal van het bestuur in Suriname verschillende andere talen, zo genoemde omgangstalen bestonden. Sinds het zeventiende eeuw tot de dag van daag is het Nederlands de oficiële taal in Suriname mar naast het Nederlands bestaan talrijke omgangstalen. Naast Nederlands spreken de Surinamers bijna twintig andere talen als bij voorbeeld: Sranan Tongo, Saramaccan, Arkan, Kwinti, Sarnami Hindi, Javanisch, Carib of Wayana.

De taal Sranan Tongo behoort tot de meest gesproken omgangstal in Suriname daarom ook trok deze taal de meeste aandacht van me. In dit werkstuk beoogt ik een beter inzicht in het ontstaan, verspreiding, grammatic en sociale functie van Sranan Tongo te geven. In it werkstuk probeer ik deze omganstal uit het historisch-linguïstische perspectief te beschouwen en aan het eind van dit werkstuk een paar woorden over de toekomst van deze taal schrijven.

2 Wat betekent Sranan Tongo?

Sranan Tongo is de taal die bijna elke Surinamer spreekt. Dat is de volkstaal die letterlijk *Surinamse taal* betekent en vaak Surinaams of kort Sranan wordt genoemd. Dat is de meest gesproken taal van Suriname. Ruim 300.000 mensen deze taal met elkaar.[1] Sranan Tongo is de taal van de Creoolse bevolking van Suriname. Het Surinaams, wordt ook wel aangeduid als 'negerengels' en is een jonge taal. Er zijn twee theorieën over het ontsaan van deze taal. Aan de ene kant zegt men dat Sranan Tongo de contacttaal van de Afrikaanse volkerenen en de Portugezen. Dat was een mengdtaal die pingid[2] werd genoemd. Deze taal werd naar met de slaven uit Afrika naar Suriname meegenomen waar ze noch eerst door het Engels en later oor het Nederlands werd beinvloed. Men zegt dat de Nederlands- en Engelstalige invloeden zo groot waren dat het Portugees uit deze mengdtaal bijna verdwenen was. Aan de andere kant zegt men dat Sranan Tongo eerst in Suriname is ontstaan. Als ontstaandsperioden noemt men 1650-1670. Sranan Tongo is ontstaan als communicatiemiddel op de plantages, waar allerlei Afrikaanse slaven rondliepen die allemaal een andere taal spraken. Men zegt ook dat het Sranan Tongo als gevolg van de contact tussen Europeanen en Afrikanen is ontstaan. In ieder geval zijn deze twee theorieën van de ontstaan van deze omgangstaal mogelijk omdat in het Sranan Tongo zijn Engelse, Portugese, en Afrikaanse invloeden terug te vinden. De taal kent ook Nederlandse leenwoorden. In de eerste instantie moet gezegd worden dat het Sranan een creolentaal is, wat betekent dat het uit noodzaak om te communiceren ontstaan is. Later ontwikkelde zich het Sranan tot een ′echte′taal met eigen grammaticale regels en daarna kreeg het de positie van de moedertaal. Het Sranan Tongo heeft zich in Suriname naast het Nederlands ontwikkeld tot een tweede belangrijkste taal. Véle bevolkingsgroepen in Suriname dieofficieel het Nederlandse gebruiken kunnen het Sranan heel goed verstaan en gespreken. Voor bijna 100.000 mensen is het Sranan Tongo de eerste taal. Het is verwant met andere talen als Aucaans en het in Sierre Leone gesproken Krio, wat de Afrikaanse oorsprong van de creoolse talen aangeeft. In het vergelijking met het Nederlans:′ *is het Sranan Tongo een lenige taal. De woordenschat is iets beperkter dan die van de meeste andere talen, maar dat heeft Surinamers uitermate vindingrijk gemaakt om toch tot uitdrukking te brengen wat ze*

---

[1] Op basis van de Vries (1993), http:// neon.nieerlandistik.fu-berlin.de.
[2] De taal die alleen tot comunicatie was tussen die verschillende andere talen spraken

4

willen.[3] Hoewel het Nederlands een hogere status dan Sranan Tongo heeft, is de sociale funktie van deze taal erg belangrijk waar ik nu over ga vertellen.

3 De sociale funktie van Sranan Tongo

Uit een onderzoek van het Surinamse dagblad 'De Ware Tijd' uit het jaar 1998 bleek dat het Nederlands weliswaar de grotere status dan Sranan heeft maar Surinamers die het Sranan als hun moedertaal beschouwen, trotser op hun taal zijn dan zij die het Nederlands als hun moedertaal zien. Vooral na de onafhankelijkheid van 1975 werd het Sranan tot het symbool van de Surinamse eenheid, als de taal van een jong volk. In deze tijd ontstond het aantal literaire werken[4] in het Sranan en een vers van het volkslied in het Sranan vertaald word. De wens van veel lidmaten van de culturele vereniging *'Wie Eegie sanie'* om het Sranan de status als oficiële staat te geven werd nooit gerealiseerd. De positie van het Sranan als taal van de creoolse bevolkingsgroep was te zwak tegenover het Hindi, het Javaans, het Saramaccaans enz. De aanvaarding van het Sranan als officiële taal zou tot een taalstrijd tussen bevolkingsgroepen kunnen hebben geleid daarom zag men ervan af.

Het Sranan is slechts en omgangstaal en wordt in huiselijke kringen overwegend gesproken. In Suriname wordt het Sranan Tongo niet op school gegeven. Tot de onafhankelijkheid was vaak het spreken van het Sranan, anders Negerengels genoemd verboden en bestraft. Dat leidde ertoe dat het Sranan de taal van lage sociale bevolkingsgroep is gebleven. *'Het verschijnsel dat creolen, zelfs tegen de kinderen, duidt in de meeste gevallen erop dat de desbetreffende gezinnen tot de laagste sociaal-economische klasse gerekend kunnen worden. Doet dit verschijnsel zich bij de middenklasse voor, dan blijkt vaak dat tenminste een van de ouders van huis uit tot de laagste sociaal-economische klasse behoorde.'*[5] In de Surinamse multilinguale samenleving wordt de culturele identiteit van de verschillende etnische groepen benadrukt maar dat betekent niet dat de aparte omgangstalen de mogelijkheden hebben aan hun posities te winnen. Het Nederlands is de eerste en oficiële taal. De tweede positie heeft het Sranantongo dat bijna iedereen in Suriname spreekt. Hoewel staat het Sranantongo op een lage niveau en zijn woordenschap sterk beperkt is, is dat de taal van gewone conversatie in Suriname. Omdat iedereen ook het Nederlands kent en het Sranan met zijn woordenschap

---

[3] Gaby De Moor, Meer dan twintig talen in één land (2007), http://taalschrift.org/reportage/001365.html.

[4] Vooral twee auteurs hebben in het Sranan geschreven: Trefosa- pseudoniem van Henny Frans de Ziel- de auteur van Surinamse volksliederen en Eddy Bruma.

[5] Eddy Charry, Geert Koefoed en Pieter Muysken -redactie (met medewerking van Sita Kishna), De taalkeuze als meter van de intimiteits-relatie tussen veeltaligen 3, in: De talen van Suriname (2006) http://www.dbnl.org.

beperkt is, goien de mensen in zijn gespreken vaak een begrip uit het Nederlandas doorheen, als zijn het woordje niet in het Sranan kennen. Op dit manier ontsaat zo genoemde code switsching tussen deze twee belangrijkste talen in Suriname. De Surinamers zijn trost op hun omgangstalen maar ze warderen ook hoog het Nederlands omdat het bettere uitdrukking en nuancering toelaat. Zij niet van mening dat de ene taal voor de andere een bedreiging is. Zij zijn zich bewust dat de talen zich beïnvloeden net als dat Laura Fierens schrijft: *"Nee, het zijn twee totaal verschillende talen. Het Sranan is een creooltaal die op de plantages gevormd is en die vooral gebaseerd is op het Engels en op Afrikaanse talen. Het Nederlands daarentegen is een taal die al bestond en die de kolonisators aan de Surinaamse bevolking oplegden. Maar omdat het Nederlands en het Sranan zo dicht naast elkaar gebruikt worden, beïnvloeden ze elkaar wel. Zo sluipen er wel eens woorden van de ene taal in de andere door en ook grammaticaal nemen beide talen soms iets van elkaar over. Specifieke kenmerken van het Surinaams-Nederlands kun je in veel gevallen in verband brengen met het Sranan."* [6]

Over het grammaticale verschillen tussen het Nederlands en Srananan en over de invloeden die het Nederlands op het Sranantongo uitoefnet zal ik in de verdere stap van dit werkstuk beschreven.

4   De grammaticale verschillen

De verdere stap van dit onderzoek is het beschouwen van Sranantongo uit het morfologische perspectief. De woordsorten in het Sranantongo zijn gelijk als in het Nederlands. Er zijn

- Een bekend maar wat oubollig grapje is: "Waarom is het Surinaamse woordenboek zo dun?". "Omdat er geen werkwoorden in staan". Dat zou dan verwijzen naar het ontbreken van werklust bij Surinamers. Dat er geen werkwoorden in het Surinaamse woordenboek staan, klopt overigens ten dele wel. In het Sranan wordt geen onderscheid gemaakt tussen zelfstandige naamwoorden en werkwoorden. Het woord "denki" betekent zowel denken als gedachte en "yuru" staat zowel voor huren als huur.
- Er is geen vervoeging van werkwoorden. Ik denk, jij denkt, hij denkt etc. is allemaal "... denki". Het persoonlijke voornaamwoord geeft aan om wie het gaat.
- Tijdsaanduidingen (tegenwoordige tijd/verleden tijd/toekomende tijd) worden aangegeven door toevoegingen. Bij de tegenwoordige tijd zet men 'e' voor het

---

[6] Gaby de Moor, Meer dan twintig talen in één land (2007), http://taalschrift.org/reportage/001365.html.

werkwoord. Voor de verleden tijd wordt daar 'ben' aan toegevoegd. De toekomende tijd krijgt er 'sa' bij en de gebiedende wijs 'mu'.

- Er is maar één soort verleden tijd: hij wachtte en hij heeft gewacht is hetzelfde: 'a ben wakti'.
- lidwoord: het of de = 'a'. Als een wordt gebruikt in de zin van 'één' dan wordt dat vertaald met 'wan'(afgeleid van het Engelse 'one'). Wan is ook een telwoord.
- Meervoud wordt aangeduid met het lidwoord 'den' (spreek uit: ding). Er volgt geen verbuiging van het zelfstandig naamwoord. Het huis = A oso, Een huis = Wan oso en Huizen = Den oso.
- Voorbeeld met het werkwoord 'wroko'

mi e wroko (m'e wroko)	ik werk
yu ben e wroko	jij werkte
a ben wroko (kaba)	hij heeft (al) gewerkt
a mu wroko	hij moet werken
wi ben wroko	wij hadden gewerkt
unu sa/o wroko	jullie zullen werken
den ben o (b'o) wroko	zij zouden werken

Zie ook de Engelse oorsprong: mi e wroko: me are working, yu ben e wroko: you have been working)

Sranan Tongo: aus dem Niederländischen entlehnte Worte
kamra - kamer (Zimmer)
kantoro - kantoor (Büro)
kasi - kaas, kast (Schrank)
kerki - kerk (Kirche)
klari - klaar, gereed (fertig)
komki - kom, kommetje (Schüssel)
kopki - kopje (Tasse)
kotoygi - getuige (Zeuge)
kowsu - sok, kous (Socken, Strumpf)

krompu - klomp (Holzschuh)

kroypu - kruipen (kriechen)

kumakoysi - toilet ('gemakhuisje') (WC)

kumakriki - gemakkelijk (leicht)

kweki - kweken, opvoeden (erziehen)

(aus: Sordam/Eersel, 1985)

Het be lang van De belangstelling voor hun levenswijze en culturele expressie nam toe
(Speckman, 1963; Renselaar, 1963; De Waal-Malefyt, 1963). Suriname werd gezien als een
plurale samenleving waarin het streven naar nationale eenheid het zoeken naar een 'eenheid in

5   Bibliografie

Jan Voorhoeve, *Voorstudies tot een beschrijving van het Sranan Tongo (Negerengels van Suriname)*. Amsterdam: Noord-Hollandsche Uitgevers-Maatschappij, 1953. (Diss.)

Jan Voorhoeve, *Sranan syntax*. Amsterdam: North-Holland Publishing Company, 1962.

Michiel van Kempen, *Spiegel van de Surinaamse poëzie*. Amsterdam: Meulenhoff, 1995.

Woordenlijst Wordlist; Sranan-Nederlands, Nederlands-Sranan, English-Sranan. Derde, herziene uitgave. Paramaribo: Stichting Volkslectuur/Vaco, 1995.

René Hart, Sranantongo; Leer-werkboek Surinaamse taal en cultuur. Arnhem: Angerenstein, 1996.

Eithne B. Carlin & Jacques Arends, *Atlas of the languages of Suriname*. Leiden: KITLV Press, 2002.

Michiel van Kempen, *Een geschiedenis van de Surinaamse literatuur*. Breda: De Geus, 2003. (2 dln.)

J.C.M. Blanker & J. Dubbeldam, *Prisma woordenboek Sranantongo*. Utrecht: Het Spectrum, 2005.

Eddy Charry, Geert Koefoed en Pieter Muysken -redactie (met medewerking van Sita Kishna), *De taalkeuze als meter van de intimiteits-relatie tussen veeltaligen 3*, in: De talen van Suriname (2006) http://www.dbnl.org

Meer dan twintig talen in één land
Tekst: Gaby De Moor - 5/03/07

Een geschiedenis van de Surinaamse literatuur. Deel 2.
De orale literatuur

Michiel van Kempen

http://www.dbnl.org/tekst/kemp009gesc02_01/kemp009gesc02_01_0018.htm